I0616626

NOT WRITTEN

IN THE STARS

-

NO ESTÁ ESCRITA

EN LAS ESTRELLAS

RICARDO J. BOGAERT-ALVAREZ, PhD

`

Published 2025

Printed in the United States of America

First Edition

ISBN (softcover): 978-1-967842-98-8
ISBN (e-book): 978-1-967842-99-5

For information, address:

Holzer Books LLC
8 The Green, Ste. A
Dover, Delaware 19901 USA

For information about special discounts available for bulk purchases, sales promotions, and educational needs, contact:

info@holzerbooksllc.com
+1 (888) 901-7776

TABLE OF CONTENTS

ÍNDICE

POEMS FOR MY BELOVED (T)

I am a retired Ph.D. chemical engineer who has resided in Denver since 2005. I met my future wife Laura Wilkey at the Community College of Denver. She was the office manager of the Math and Science Department, and I was an assistant professor of chemistry. During my first semester Laura was very helpful and provided useful counsel to me.

In March of 2006 I invited Laura to a flamenco show in Boulder where my niece Sara María was a dancer. The purpose was to thank Laura for the help she gave me in the previous semester. To make the story short, I got smitten. It took a barrage of love poems to seduce her. Those poems are included in my book *The Dance of the Phoenix*. The love poems that are presented in this book are those I have composed for her since our marriage in 2010.

Half of the poems were inspired in English, the other half in Spanish. The translated version is indicated by a (T). Most of the Spanish poems were created using the romance tradition: octasyllabic lines with repeating end vowels in the even lines. I learned this pattern from the great Spanish poet Federico García Lorca. On the other hand, the original English poems were written in free verse which facilitated the translation to Spanish.

I am grateful to my friend Nico De León and his wife Cecilia Barbosa for their help in editing the manuscript. I also thank Laura Wilkey for reviewing the English version of the poems. Finally, I thank the company Holzer Books LLC for their continuing help with publishing and promoting my book.

I dedicate this book to my wife Laura Wilkey.

POEMAS PARA MI AMADA

Soy un ingeniero químico (PhD) retirado que ha vivido en Denver desde el 2005. Conocí a mi futura esposa Laura Wilkey en el Community College of Denver. Ella era la gerente de oficina del departamento de matemáticas y ciencias y yo era profesor asistente de química. Durante mi primer semestre Laura me ayudó mucho y también me proveyó de consejos útiles.

En marzo del 2006 invité a Laura a una función de flamenco in Boulder donde mi sobrina Sara María era una bailarina. El propósito era de agradecer a Laura por la ayuda que me había dado en el semestre previo. Para no hacer el cuento largo, yo me enamoré de Laura. Fue necesario muchos poemas para seducir a Laura. Esos poemas están incluidos en mi libro *La Danza del Fénix*. Los poemas presentados en este libro son aquellos que le he compuesto después de nuestro matrimonio en el 2010.

La mitad de los poemas fueron inspirados en inglés, la otra mitad en español. La versión traducida es indicada por una **(T)**. La mayoría de los poemas en español fueron creados usando la tradición *romance*: versos octosilábicos con las vocales finales repetidas en los versos pares. Yo aprendí este esquema del gran poeta español Federico García Lorca. Por otra parte, los poemas originarios en inglés fueron escritos en verso libre lo cual facilitó la traducción al español.

Agradezco a mi amigo Nico De León y su maravillosa esposa Cecilia Barbosa por su ayuda en la edición del manuscrito. También agradezco a Laura por la revisión de las versiones inglesas de los poemas. Finalmente, doy gracias a la compañía Holzer Books LLC por su continua ayuda para la publicación y promoción de mi libro.

Yo dedico este libro a mi esposa Laura Wilkey.

NOT WRITTEN IN THE STARS (T)

This, our love, was not,
is not, will not ever
be written in the stars.

Through poems and acts of selflessness
I've hung globes of pristine radiance
in your valiant soul.
Our courage is the captain
of this romance, it will not sink
during whatever storm
Fate may bring.
This love is ours to be cherished
in the hard days, in the sweet days,
in the passionate, sometimes sad days
but always cheered by your presence.
It sparks my incessant desire to be
with you in those moments
when your heart is filled with anger
with the world. I am there
to comfort and calm you
and face the future together.

Remember, dear,
we are the authors and the actors
of the greatest play of our lives
not written in the stars
just in our burning hearts.

NO ESTA ESCRITA EN LAS ESTRELLAS

Este, nuestro amor, no fue,
no está, nunca será
escrito en las estrellas.
Mediante poemas y actos de generosidad
he colgado globos de luz prístina
en tu alma valiente.

Nuestro coraje es el capitán
de este romance, él no se hundirá
no importa que tormentas
traiga el Destino.
Este amor es nuestro para ser acariciado
en los días duros, en los días dulces,
en los apasionados, a veces días tristes;
pero siempre alegrados por tu presencia.
Ella chispea mi deseo incesante de estar
contigo en esos momentos
cuando tu corazón está lleno de ira
con el mundo. Ahí estaré
para consolarte y calmarte
y enfrentar juntos el futuro.

Recuerda, querida,
somos los autores y los actores
de la obra más grande de nuestras vidas,
no está escrita en las estrellas
sino en nuestros corazones ardientes.

EMBASSY BEACH[1]

One day, early morning,
after celebrating your birthday
in my beloved Dominican land,
I'll take you to a small beach
south of the country, hidden between reefs
where the constant waves of the bluest water
cover the softest yellow sands.
We'll sit there on the sand
while the water splashes our legs
and our bodies will feel newborn.
That moment will trap all the moments we've
been together, these years
linked in this loving union,
those days that have imparted
a unique taste to our lives.
Then as the first sunlight hits our eyes
you'll realize, my dear,
that this man tall and proud
is humble to the splendor
of this love we've built in unison
many years ago, of how
we vanquished those inner doubts
to bring about this hope,
this crucial faith so deep, deep
in our inspired hearts.

---

[1] This promise was realized in our trip to the Dominican Republic in 2018.

EMBASSY BEACH (T)²

Un día, temprano de madrugada,
luego de celebrar tu cumpleaños
en mi amada tierra dominicana,
te llevaré a una pequeña playa
al sur del país, escondida
entre arrecifes donde las olas
tan azules y constantes cubren
las arenas más suaves y amarillas.
Allí tomados de las manos nos sentaremos
en arena, según el agua moje las piernas,
nuestros cuerpos se sientan recién nacidos.
Ese momento atrapará
todos los momentos en que hemos
estado juntos, esos años
ligados en esta unión amorosa,
esos días que han impartido
un sabor único a nuestras vidas.
Según el primer rayo de luz toque los ojos
te darás cuenta, querida,
que este hombre alto y orgulloso
está humilde ante el esplendor
del amor que hemos construido al unísono
desde hace tantos años, de cómo
vencimos nuestras dudas interiores
para brindar esta esperanza,
esta fe crucial, profunda, tan profunda
en nuestros corazones inspirados.

---

² Esta promesa fue realizada en nuestro viaje a República Dominicana , 2018

FARMER'S DAUGHTER

Let's make it clear: I grew up in a hacienda,
playing in the mud, trashing expensive gifts,
climbing fruit trees, chased by wasps, and
burning the chicken house.
Oh Mother, please forgive me!

So lucky to marry Laura, the mermaid from Illinois,
who grew up on a farm, dark soil, plenty of rain,
she milked the cows, fed the chickens, even
drove the farm tractor!

Many years away from her farm, now in Denver,
she felt the nostalgia of the old farm,
decided to raise chickens in our backyard,
I just said: That's a lot of work!
chickens are demanding!
but helped her anyway (wise man)

Coops changed from petit
to medium to a dog run,
she became engineer,
mechanic and artisan
all wrapped in one loving person

As we saw the chickens grow,
she gave them artistic names:
Cup Cake, Dream, Beauty; she fed
them, they perched on her arms,
her legs, and on her back (ouch!)

Now I admire the strange relationship between
them and Laura, she spends time
giving them green weeds from the yard
as she dreams of enticing eggs. She is truly the farmer's daughter

LA HIJA DEL GRANJERO (T)

Aclarando: Nací en una hacienda,
jugando en el lodo, rompía juguetes caros;
trepando árboles frutales, perseguido por
avispas y hasta quemé el gallinero.
¡Madre mía, por favor perdóname!

Tuve la suerte de casarme con Laura,
sirena de Illinois, ella creció en una granja,
suelo negro, lluvia plena, ordeñaba vacas,
alimentaba gallinas, y manejaba un tractor

Muchos años después de la granja, aquí en
Denver, sintió la nostalgia de la vieja granja
y decidió criar gallinas en nuestro patio.
Yo nada más dije: Eso es mucho trabajo
¡Las gallinas demandan mucho!
pero la ayudé (no se puede ser tonto)

Los gallineros cambiaron de pequeño
a mediano hasta condominios, ella
se convirtió en ingeniera,
mecánica y artesana
toda envuelta en una persona amorosa

Según las gallinas crecían,
ella les daba nombres artísticos:
Cup Cake, Dream, Beauty, ella les daba
de comer mientras las gallinas se colgaban
de sus brazos, piernas y espalda ¡Ay!
Ahora admiro la extraña relación entre
ellas y Laura, ella pasa ratos
dándoles yerba verde de nuestro patio
mientras sueña con huevos atractivos
Ella es, realmente, la hija del granjero

HAIKU OF THE SOUL (T)

I

To feel you so close
like the sun on my face
unforgettable

II

Your green eyes
like live emeralds
shine on my soul

III

Your beautiful body
burns my shyness
you are my owner

IV

Why don't you sing?
If you only knew how sweet
you touch my soul

HAIKUS DEL ALMA

I
Sentirte cerca
como sol en mi cara
inolvidable

II
Tus ojos verdes
cual vivas esmeraldas
que brillan mi alma

III
Tu cuerpo bello
me quema la timidez
eres mi dueña

IV
¿Por qué no cantas?
Si supieras qué dulce
me tocas el alma

TO LOVE YOU (T)

To love you as I want you
in your eyes a blessing,
the dawn of a new day
by your side, my love

To love you as I want you
with my lungs inhaling
the air that comes from you
in me becomes a song

To love you as I want you
our histories merge
to dream for the future
fear doesn't own us

To love you as I want you
my reason surrenders
to this passion so loyal
woman, to you my soul forever

AMARTE

Amarte como te quiero
en tus ojos bendición
del nuevo día la aurora
a tu lado, corazón

Amarte como te quiero
con el pulmón respirando
el aire que de ti viene
en mí se vuelve un canto

Amarte como te quiero
nuestras historias conjugan
nuestros sueños al futuro,
el miedo no nos abruma

Amarte como te quiero
con la razón entregada
con esta pasión tan leal
mujer, sólo tuya es mi alma

IN MY MIND

I

Simply
completely
deeply in you
my heart burns in yours
cold day, hot night
in the warmth of the bedroom
in a web of silence
in my mind, yours,
beyond our souls

II

My love for you
is a tempting sopapilla[3]
coated with
the cinnamon of desire
warmly tied to your soul
like brown sugar to your delicious tongue
love, lust, faith in you,
faith in us, my woman

---

[3] : *Sopapilla* is a Mexican dessert.

EN MI MENTE (T)

I

Simplemente
completamente
profundamente en ti
mi corazón arde por ti
día frío, noche caliente
en el calor del dormitorio
en una red de silencio
en mi mente, tuyo,
más allá de nuestras almas

II

Mi amor por ti
es una tentadora sopapilla[4]
cubierta con
la canela del deseo
atada calurosamente a tu alma
como azúcar moreno a tu deliciosa lengua
amor, lujuria, fe en ti,
fe en nosotros, mujer mía

---

[4] *Sopapilla* es un postre mejicano.

IMAGES OF LOVE

This love, dearest woman,
is the bonfire for our fears
the eclipse for our doubts
the union for our dreams
the steel for our courage
the silk for our tears
the magnet for our waists
the seduction for our hearts
the summer for our caresses
and definitely
the harvest for our romance

IMAGENES DEL AMOR

Este amor, mujer queridísima,
es la fogata para nuestros miedos
el eclipse para nuestras dudas
la unión para nuestros sueños
el acero para nuestra valentía
la seda para nuestras lágrimas
el imán para nuestras cinturas
la seducción para nuestros corazones
el verano para nuestras caricias
y definitivamente
la cosecha para nuestro romance

SO CRAZY FOR YOUR LOVE (T)

To love you like I do
as a dolphin in the sea
to love you like I do
without you, dear, what's life for?

Don't forsake me, blessed woman,
see how I offer you my soul
with my chest so drunk
of your beauty so pure

With you I cross the desert
for you I climb the Himalayas
woman, I am so mesmerized
my will cannot fight anymore

I will never lose you
I invested my heart
to win your kindness
and the treasure of your love

For you I'm a loyal man
once you see me as I am
you will forget the others
you will love me with great passion

TAN LOCO POR TU AMOR

Quererte como te quiero
como delfín en el mar
quererte cómo te quiero
sin ti, vida ¿Qué más da?

No me abandones, bendita,
ves cómo te entrego mi alma
con el pecho emborrachado
de tu belleza tan clara

Contigo cruzo el desierto
por ti subo el Himalaya
mujer, tan hipnotizado
mi voluntad no batalla

Perderte nunca podré
invertí mi corazón
para lograr tu querencia
y el tesoro de tu amor

Soy contigo hombre leal
cuando veas cómo soy
te olvidarás de los otros
me amarás con gran pasión

BLISTERS

I want to love you
with my soul next to yours,
without you, my heart
is desolate

I want to love you
sweet with sweat
lucky to fight for you
and surrender forever

I want to love you
not worried by eternity
not worried by past
just the burning present

I want to love you
hard and hot
with blisters on my heart
and a smile on my mouth

This love does not ask for permission,
it enters our spirits,
it dominates our moods
Dear, be ready for the tsunami!

AMPOLLAS (T)

Quiero amarte
con mi alma al lado de la tuya,
sin ti, mi corazón
está desolado

Quiero amarte
dulce con sudor,
tan afortunado de luchar por ti
y rendirme para siempre

Quiero amarte
sin preocuparme por lo eterno
sin preocuparme por el pasado
sólo por el ardiente presente

Quiero amarte
duro y caliente
con ampollas en mi corazón
y una sonrisa en la boca

Este amor no pide permiso,
entra a nuestros espíritus,
domina nuestros ánimos
¡Querida, prepárate para el maremoto!

IT'S NOT FANTASY (T)

Our love is so hot
wrapped with lust,
I feel its presence in me
such drunken sunrise

God blessed the day
when we surrendered together,
our souls desiring
a destiny so enchanted

When I feel your caresses
descending through my ribs,
amorously I'm transformed,
How my spirit vibrates!

This bewitching love
lives by your side
like a bee in crimson flower
drugged by your nectar

NO ES FANTASIA

Nuestro amor es tan caliente
de lujuria va arropado,
siento su presencia en mí
cual amanecer borracho

Dios bendijo el feliz día
en que juntos entregamos,
nuestras almas deseosas
de un destino encantado

Cuando siento tus caricias
bajando por mis costados,
me vuelvo tan amoroso,
¡Mi espíritu está vibrando!

Este amor brujo tan mío
quiere vivir a tu lado
como abeja en roja flor
de tu cariño endrogado

WHAT YOU ARE FOR ME (T)

Loving you is not my sentence
loving you is my surrender
nourished when
the heart is irrigated
by nocturnal emotions
joined together we are
grains of sand on the beach
like the heartbeat of Earth

When you sing your lullabies
with a voice that entertains
those sweet melodies
transform the axis
of my dearest experiences
that rest in my mind
your love is a clear offering
like an enchanting fountain
it's the spring of our lives
so united forever

LO QUE ERES PARA MI

Amarte no es mi condena
amarte es mi misma entrega
que solamente se logra
cuando el corazón se riega
de nocturnas emociones
desde que somos pareja
como arenas de la playa
cual latido de la Tierra

Cuando cantas tus tonadas
con esa voz que entretiene
esas dulces melodías
así transforman el eje
de mis queridas vivencias
que reposan en mi mente
tu amor es la clara ofrenda
cual encantadora fuente
es la primavera en nuestras días
así unidos para siempre

FULL MOON (T)[5]

Silver light
rises in my soul,
yes, this love, dear woman,
even faraway our dream
is resplendent like a mother-of-pearl shell
in that tide that floods our visions
with life and enchantment and returns
to us filled with emotion
like a full moon in the street
of our hearts

---

[5] Ricardo J. Bogaert-Alvarez, PhD. Ramas y Raices, anthology of the Colorado Alliance of Latino Mentors and Authors, page 61. 2024.

LUNA LLENA

Luz plateada
crece en mi alma
sí, este amor, mujer mía,
aún a lo lejos nuestra ilusión
resplandece cual concha nacarada
en esa marea que inunda nuestras visiones
de vida y de encanto y regresa
plena de emoción a nosotros
cual luna llena en la calle
de nuestros corazones

YOUR BLACK PANTIES

Your faithfulness is an
eternal fire in my head,
but your black panties
drive me wild again

Your love is superbly
growing in my soul,
but your black panties
capture my whole night

Your heart is a fountain
for my thirsty heart,
but your black panties
blind me with raging desire

Your sensible mind guides
my absent-minded behavior,
but your black panties
surpass any logic!

Your curvaceous body
is a treasure to caress,
but your black panties
are a living temple

TUS PANTIS NEGROS (T)

Tu lealtad es un
fuego eterno en mi cabeza,
pero tus pantis negros
me vuelven salvaje de nuevo

Tu amor crece
estupendo en mi alma,
pero tus pantis negros
capturan mi noche por completo

Tu corazón es una fuente
para mi corazón sediento,
pero tus pantis negros
me ciegan con deseos desatados

Tu mente sensible guía
mi comportamiento olvidadizo,
pero tus pantis negros
superan cualquier lógica

Tu cuerpo curvilíneo
es un tesoro acariciante,
pero tus pantis negros
son un templo viviente

DRUNK IN LOVE

I

Forgive me, I haven't written a poem
for you lately, sometimes
my worries overwhelm me,
but in the cavern of my heart
there is always a lamp lighted
with your name written
In the flame.
Your passion is the password
to another dimension
only you and I can enter
drunk in Love

II

Though it may seem
I don't need you
but I do
you are the spring breeze
caressing my face
after a long cold night
away from you
Sweet honey, I love you!

BORRACHOS DE AMOR (T)

I

Perdóname, no te he escrito un poema recientemente, a veces
mis preocupaciones me agobian,
pero en la caverna de mi corazón
siempre hay una lámpara encendida
con tu nombre escrito
en la llama.
Tu pasión es la clave
a otra dimensión
que sólo tú y yo podemos entrar
borrachos de amor

II

Aunque a veces parece
que no te necesito
pero no es así.
Tú eres la brisa primaveral
que acaricia mi cara
después de una noche larga y fría
lejos de ti
¡Dulce miel, te amo!

MERMAID'S HAIKU[6]

I

The mermaid cried tears
of joy in her dreams: Goldfish
came back to kiss her

II

The mermaid did not
dream tears as she kissed slowly
the lips of the pirate

III

Dominican poet
kissed the mermaid: No more tears!
left her in a dream

IV

The tears of mermaids
can cure bad dreams with kisses
for the lucky man

---

[6] Haiku written with the words mermaids, tears and kisses.
The challenge came from Laura.

HAIKUS DE LA SIRENA (T)[7]

I

La sirena llora lágrimas
de alegría en sus sueños: El pez dorado
regresó para besarla

II

La sirena no soñó
lágrimas según besó lentamente
los labios del pirata

III

Poeta dominicano
besó la sirena: ¡No más lágrimas!
La dejó soñando

IV

Las lágrimas de sirena
pueden curar los malos sueños con besos
para el hombre afortunado

---

[7] Haikus escritos usando las palabras sirena, beso y lágrimas.
El reto vino de Laura.

OUR COMPASS

To feel the ache
of your pain in
your wounded heart.
Dear, you
need my passion to grow
your soul stronger.

As your love turns
my soul sweeter,
it transforms our union
into a durable
and flexible alloy.
Without our love
we are left with
hollow spirits

Let's not forget
the truth of our
dreams together,
the dearness
of our relationship
never apart
this love, so true
is the steady compass
of our lives.

NUESTRO COMPAS (T)

Sentir el dolor
de tu pena
en tu corazón herido.
Definitivamente, Querida,
Tú necesitas mi pasión para crecer
tu alma más fuerte.

Según tu amor vuelve
mi amor más dulce,
él transforma nuestra unión
en una aleación
duradera y flexible;
sin nuestro amor
nos convertiremos
en espíritus huecos.

No nos olvidemos
de la verdad de nuestros
sueños juntos,
la querencia
de nuestra relación
nunca aparte
este amor tan sincero,
es el compás estable
de nuestras vidas.

THE KEY

For Laura's birthday

In the piano of my life
I am not a faraway key
barely touchable,
perhaps full of dust

No
I am the middle C
your center key:
woman
look at me,
Play me!
Let me be the ears
that turn your wondrous voice
into our favorite song,
that sweet melody,
the one that describes
the spring of our souls,
sings a vision,
declaims a dream

Be the light that guides me
away from darkness,
my dear lover:
be forever
the dawn of my days

LA TECLA (T)

Para el cumpleaños de Laura

En el piano de mi vida
no soy una tecla al extremo
raramente tocada,
quizás llena de polvo

No
Yo soy la C media
tu tecla central:
Mujer
mírame,
¡Tócame!
Déjame ser los oídos
que convierta tu voz maravillosa
en nuestra canción favorita,
esa dulce melodía,
aquella que describa
la primavera de nuestras almas,
esa que canta una visión,
esa que declama un sueño

Sé la luz que me guíe
lejos de la oscuridad,
querida amante:
Sé para siempre
la aurora de mis días

SAILOR

Thrown into this
sea of madness,
sailor I am
of your luscious body
pearl of my dreams,
your love is a bay
for my tired ship

Oh woman!
You're my harbor
soul of my soul,
you clear away
my ancient nightmares,
those that haunted me
before your time
those I could only
drown in tears
But no more!

Woman, you are
my coast of tranquility,
now in my reality
forever

MARINERO (T)

Lanzado a este
mar de locura,
soy marinero
de tu cuerpo suculento
perla de mis sueños,
tu amor es una bahía
para mi nave cansada

¡Oh mujer!
Tú eres mi puerto
alma de mi alma,
tú limpias por completo
mis antiguas pesadillas,
esas que me poseían
antes de tu presencia
esas que sólo podía
ahogar en lágrimas
¡Pero basta ya!

Mujer, tú eres
la costa de mi tranquilidad
ahora en mi realidad
para siempre

UNLOVE

So, you dread my passion for you
has become dead
you fear my hands
are pulling away
from your exquisite
lust radiating body
and you start to sense
the disappearance of my silly jokes
from your perceptive ears
or even more sparkle now
hiding in the back of my blue eyes
and you think my soul is wrapped
with *"unlove,"* a hydra
that feeds on your anxiety

STOP! Never let negative
imagination confuse your spirit.
This love in me will never
be a dead volcano.
It lives in us inexhaustible,
a blue ocean that wets
your delicious skin, such green field
that nurtures your soul
and makes you feel
woman like never before,
I am here for you
and nobody else,
My love!

DESAMOR (T)

Así que temes que mi pasión por ti
se está muriendo,
que temes que mis manos
se están alejando
de tu cuerpo exquisito
radiante de lujuria
y comienzas a sentir
la desaparición de mis bromas tontas
de tus oídos perceptivos
o aún peor que el brillo se esconda
detrás de mis ojos azules
y piensas que mi alma se está cubriendo
con *"desamor,"* una hiedra
que se alimenta de tu ansiedad

¡DETENTE! Nunca dejes que la imaginación
negativa confunda tu espíritu;
este amor en mí nunca será
un volcán muerto.
Él vive en nosotros inagotable,
un océano que moja
tu piel deliciosa, ese campo verde
que nutre tu alma
y te hace sentir
mujer como nunca,
estoy aquí para ti
y nadie más,
¡Amor Mío!

ABOUT THE AUTHOR

RICARDO J. BOGAERT-ALVAREZ, PhD was born in Santiago, Dominican Republic, in 1954. He grew up in a hacienda. He moved to Santiago when he was 11 years old. There he received his high school diploma at the De La Salle academy. He earned a B.S. in chemical engineering from the Pontificia Universidad Católica Madre y Maestra.

He attended the University of Delaware between 1977 and 1986 obtaining a master's degree and PhD in chemical engineering. He worked for eight years in the chemical industry. He taught chemical engineering or general chemistry at the New Mexico State University, Lafayette College, and Arapahoe Community College.

The author has published poetry in *"El Sol"* newspaper, *"The New Press,"* the *"Horizons"* anthology and *"Ribbons,"* the magazine of the Tanka Society of America, among others. He has published four bilingual poetry books[8]. His English poetry book *"The Mask behind My Face"* is available in Amazon Kindle. He has obtained awards in contests of the Columbine Poets Club and in the Michael Adams Poetry Prize (2016).

---

[8] The Dance of the Phoenix, The Samurai Poet, Romance and Haiku Elixir, and Chronicles of a Young Dominican

NOTAS BIOGRAFICAS

RICARDO J. BOGAERT-ALVAREZ, PhD nació en Santiago, República Dominicana, en 1954. El creció en una hacienda. Él se mudó a Santiago a los 11 años. Allí se graduó de bachillerato en la academia De La Salle. Obtuvo su título de bachiller en ingeniería química en la Pontificia Universidad Católica Madre y Maestra.

Él estudió su postgrado en la Universidad de Delaware durante el período 1977 a 1986 obteniendo su maestría y luego su doctorado. Trabajó por ocho años en la industria química. Él enseñó ingeniería química o química en las siguientes instituciones: New Mexico State University, Lafayette College y el Arapahoe Community College.

El autor ha publicado poesías en el periódico *"El Sol,"* *"The New Press,"* la antología *"The Horizons"* y *"Ribbons"*, la revista de la Tanka Society of America entre otras. Él ha publicado cuatro libros de poesía bilingüe[9]. Su libro de poesías *"The Mask Behind My Face"* está disponible en Amazon Kindle. Él ha ganado premios en concursos de la sociedad Columbine Poets y en el Michael Adams Poetry Prize (2016).

---

[9] La Danza del Fénix, El Poeta Samurái, Elixir de Romance y Haiku, y Crónicas de un Joven Dominicano

www.ingramcontent.com/pod-product-compliance
Lightning Source LLC
Chambersburg PA
CBHW061721120626
46550CB00003B/1312